BEI GRIN MACHT SICH IHR WISSEN BEZAHLT

Mobile Payment in Theorie und Praxis

GRIN

Bibliografische Information der Deutschen Nationalbibliothek:

Die Deutsche Nationalbibliothek verzeichnet diese Publikation in der Deutschen Nationalbibliografie; detaillierte bibliografische Daten sind im Internet über http://dnb.d-nb.de abrufbar.

ISBN: 9783346684653
Dieses Buch ist auch als E-Book erhältlich.

© GRIN Publishing GmbH
Nymphenburger Straße 86
80636 München

Druck und Bindung: Books on Demand GmbH, Norderstedt Germany
Gedruckt auf säurefreiem Papier aus verantwortungsvollen Quellen

Das vorliegende Werk wurde sorgfältig erarbeitet. Dennoch übernehmen Autoren und Verlag für die Richtigkeit von Angaben, Hinweisen, Links und Ratschlägen sowie eventuelle Druckfehler keine Haftung.

Das Buch bei GRIN: https://www.grin.com/document/1248724

Bachelorarbeit

zur Erlangung des akademischen Grades
Bachelor of Science
an der Fakultät für Wirtschaftswissenschaften
der Universität Regensburg

Mobile Payment in Theorie und Praxis

Regensburg, den 24. Juni 2019

Inhaltsverzeichnis

Tabellenverzeichnis

Abbildungsverzeichnis

1 Einleitung

Die Welt ist im Wandel. Und das nicht nur in der aktuell so heiß diskutierten Problematik rund um das Klima, sondern auch in der industriellen Produktion durch Industrie 4.0 oder in der digitalen Welt. War das Internet bis vor rund 30 Jahren noch den Universitäten vorbehalten, so ist es heute mit mehr als 3,77 Milliarden Nutzern weltweit zum ständigen Begleiter der Menschen geworden. Nur einer von zehn Internetnutzern surft dabei heute nicht mit einem mobilen Gerät.(vgl. Heinemann, 2018, S.1) Mobiltelefone sind so allgegenwärtig in der heutigen Zeit geworden, dass der Alltag ohne sie nur noch schwer vorstellbar ist. Glaubt man den Experten, so kündigt sich ein ebenso rascher Wandel nicht nur für die Internetnutzung, sondern auch für die Art und Weise wie wir in Zukunft bezahlen werden, an. Mobile Payment ist dabei allerdings kein neues Thema. Schon lange vor der Einführung des ersten Smartphones wurde darüber diskutiert, wie man das Mobiltelefon in den Zahlungsprozess integriert. Aus der rasanten Entwicklung in der Smartphone-Technologie in den letzten Jahren resultierten jedoch ganz neue Möglichkeiten für die Bezahlung mit mobilen Geräten. So ist Mobile Payment heute so relevant wie noch nie und die Signifikanz des Themas wird anhand der Anzahl an wissenschaftlichen Beiträgen dazu nur noch mehr verdeutlicht. Doch reicht diese Relevanz aus, um zu einem ernsthaften Konkurrenten von Bargeld und Co. zu werden oder diese gar vom Thron der Zahlungsmethoden zu stürzen? Und ist es heute schon möglich, einen Supermarkt nur mit dem Handy ausgestattet zu betreten und anschließend zu bezahlen, während die herkömmliche Geldbörse inklusive sämtlicher Karten zu Hause verweilt?

Um diese Fragen zu beantworten, widmet sich die Arbeit dabei zunächst den Grundlagen von Mobile Payment. Hier wird Mobile Payment in die Thematik des Electronic Payment eingeordnet, definiert und abschließend klassifiziert. Dabei wird vor allem darauf eingegangen, welche Arten von Mobile Payment Systemen existieren.

Anschließend wird die technische Implementierung von Mobile Payment Verfahren erläutert. In diesem Kapitel werden die unterschiedlichen Technologien, auf denen Mobile Payment basiert, erklärt und welche Chancen und Risiken sich für diese ergeben. Außerdem wird in einem dritten Abschnitt auf die Sicherheitsstandards der Technologien eingegangen. Im darauffolgenden Kapitel wird dargestellt, wie diese Technologien in der Praxis anhand der Implementierung verschiedener Anbieter eingesetzt werden.

In Kapitel fünf werden die Vor- und Nachteile von Mobile Payment im Vergleich zu herkömmlichen Zahlungsmethoden diskutiert und gegenübergestellt. Im Anschluss daran erfolgt eine Betrachtung des Marktes zweier konträrer Länder: Deutschland und Schweden. Abgerundet wird die Arbeit mit einem Fazit, in welchem zusätzlich zu klären sein wird, inwiefern sich Mobile Payment bisher durchgesetzt hat und wie die mögliche Zukunft von Mobile Payment basierend auf den Ergebnissen der Arbeit aussehen könnte.

2 Mobile Payment - Grundlagen

Zum besseren Verständnis der Thematik erfolgt zunächst eine Unterscheidung der Begriffe Electronic und Mobile in Bezug auf die Art der Anwendung. Danach werden die Begriffe Business, Commerce und Payment voneinander abgegrenzt, um möglichen Missverständnissen bezüglich der in dieser Arbeit verwendeten Begrifflichkeiten vorzubeugen. Dabei werden alle bisher verwendeten Begriffe in einem Überblick dargestellt. Im 2. Abschnitt wird Electronic Payment (E-Payment) definiert und dabei in 3 unterschiedliche Systeme eingeteilt. Anschließend folgt die Einordnung und Definition von Mobile Payment (M-Payment) in die Thematik und abschließend eine Klassifikation von M-Payment Systemen.

2.1 Allgemeine Begrifflichkeiten

Allgemein bezieht sich der Begriff „Electronic" auf stationäre Anwendungen in verschiedenen Prozessen, weshalb er vom Begriff „Mobile", welcher sich lediglich auf mobile Anwendungen bezieht, zu unterscheiden ist.(vgl. Kaymaz, 2011, S.21) „Mobile" bezeichnet dabei allerdings einen Teilbereich des „Electronic".(vgl. Hierl, 2017b, S.130) Wie in Abbildung 1 dargestellt, lassen sich in Bezug dazu die Begriffe Business, Commerce und Payment einordnen, wobei der Begriff „Commerce" ein Subsegment des Begriffs „Business" darstellt. Genauso verhält es sich mit dem Begriff „Payment", welcher wiederum eine Untergruppe von „Commerce" bezeichnet.

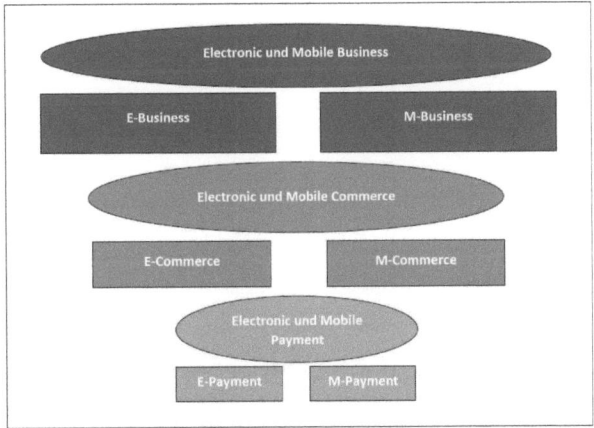

Abbildung 1: Einordnung der Begriffe in die Thematik Electronic und Mobile Business (Quelle: Eigene Darstellung, in Anlehnung an Kaymaz 2011, S.21)

2.2 Electronic-Payment

Zum E-Payment zählen laut Lammer alle Zahlungen, welche elektronisch initiiert, durchgeführt und erhalten werden.(vgl. Lammer, 2006, S.7) Auch Dannenberg definiert E-Payment als „Verfahren, die es ermöglichen, für den Bezug von Gütern und Leistungen eine Gegenleistung über elektronische Netzwerke zu erbringen und deren Ziel allein die Herstellung der Zahlungsfähigkeit von Wirtschaftssubjekten ist" (Dannenberg und Ulrich, 2004, S.27).

Grundsätzlich unterscheidet man beim E-Payment drei unterschiedliche Systeme. „Access-Products" bezeichnen dabei Zahlungssysteme, mit denen beim heutigen Online-Shopping bezahlt wird. Dazu zählen beispielsweise:

- Kreditkartenbasierte, elektronische Bezahlverfahren

- Lastschriftverfahren

- Online-Überweisungen

- Elektronische Schecks

(vgl. Dannenberg und Ulrich, 2004, S.77)

„Prepaid-Products" beinhalten alle Zahlungsverfahren, bei denen eine Belastung des Kunden vor der endgültigen Zahlung stattfindet.(vgl. Dannenberg und Ulrich, 2004, S.137) Das heißt, dass der Kunde bereits belastet wird, bevor er sein Zahlungsmedium mit Bar- oder Buchgeld aufgeladen hat. (vgl. Dannenberg und Ulrich, 2004, S.30) Man bezeichnet daher diese Systeme auch als „Vorausbezahlte Verfahren". Dazu zählen unter anderem:

- Electronic Money
  - softwaregestützt
  - kartengestützt
- Virtuelle Konten
- Bonuspunktesysteme

(vgl. Dannenberg und Ulrich, 2004, S.137)

„Inkassosysteme" sind sogenannten Postpaid-Systemen gleichzusetzen. (vgl. Lammer, 2006, S.214) Diese basieren gemäß Dannenberg auf einem zweistufigen Prinzip, wobei auf der ersten Stufe lediglich die Buchung einer erfolgten Transaktion im Buchungssystem des Betreibers stattfindet. Auf der zweiten Stufe erfolgt die Bezahlung, bei der dem Kunden die gesammelten, verbuchten Kauftransaktionen in Rechnung gestellt und von diesem auf beliebige Art und Weise beglichen werden können. Nennenswert ist ferner, dass Inkassosysteme entweder auf eine bestehende Rechnungsbeziehung - wie beispielsweise mit einer Telefongesellschaft - oder auf eine neue Geschäftsbeziehung aufbauen.(vgl. Dannenberg und Ulrich, 2004, S.183ff.)

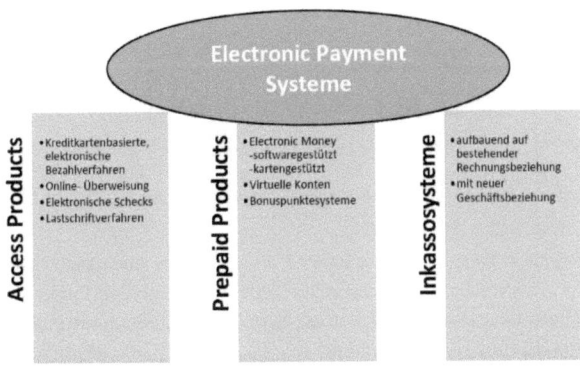

Abbildung 2: E-Payment Systeme
(Quelle: Eigene Darstellung, in Anlehnung an Dannenberg und Ulrich 2004, S.37)

2.3 Einordnung und Definition von Mobile Payment

Kaymaz definiert Mobile Payment als eine mobile Zahlungstransaktion, die durch mobile Endgeräte initiiert wird.(vgl. Kaymaz, 2011, S.15) Allerdings ist gemäß Pousttchi nicht nur die Initiierung, sondern schon eine Autorisierung oder Realisierung einer mobilen Zahlungstransaktion durch mobile Endgeräte ausreichend, um die Definition für M-Payment zu erfüllen.(vgl. Pousttchi, 2003, S.409) Wichtig ist dabei außerdem, dass die Zahlungstransaktion von einer Organisation oder Person zu einer anderen auf eine sichere Art und Weise durchgeführt wird.(vgl. Téllez und Zeadally, 2017, S.15) Ein Beispiel für die Einhaltung der Sicherheit solcher Transaktionen ist das Sicherheitskonzept nach ISO 27001:2013/ISO 27002:2013. Darin sind internationale Normen für Informationstechnik in Bezug auf die Gewährleistung von Sicherheit enthalten.(vgl. Dommick und Reichhart, 2017, S.275) Mobile Payment erfüllt dabei in der Regel drei Zwecke.

- Es bietet eine weitere Möglichkeit zur Bezahlung, wenn keine andere Alternative zur Verfügung steht.

- M-Payment erweitert die bisherigen Online Payment Möglichkeiten, da es eine mobile und dadurch auch flexible Nutzung ermöglicht.

- Außerdem stellt M-Payment einen weiteren Faktor der Authentifizierung mit Hinblick auf die erweiterte Sicherheit dar.

(vgl. Kaymaz, 2011, S.15)
Ferner besitzen M-Payment Systeme Grundfunktionalitäten und allgemeine Eigenschaften von E-Payment Systemen. Dazu zählen unter anderem:

- Elektronische Bezahlung

- Übertragung durch Netzwerke, wie Internet oder Funkwellen

- Nutzung üblicher Verschlüsselungsprotokolle, wie Secure Sockets Layer (SSL), 3D-Secure usw.

(vgl. Hamzehloe, 2014, S.21ff.)
M-Payment Systeme können daher E-Payment Systemen zugeordnet werden, weshalb sich die in Abschnitt 2.2 verwendete Abbildung 2 um den Punkt M-Payment Systeme erweitern lässt.(vgl. Lammer, 2006, S.13) Die Einordnung wurde dementsprechend in Abbildung 3 dargestellt.

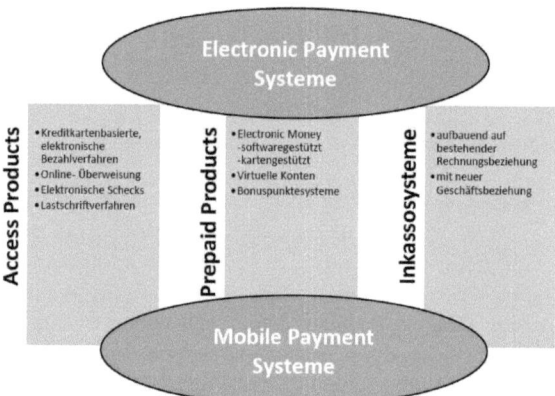

Abbildung 3: Einordnung von Mobile Payment Systemen
(Quelle: Eigene Darstellung, in Anlehnung an Dannenberg und Ulrich 2004, S.207)

2.4 Klassifikation von Mobile Payment Systemen

Für die Bezahlung mit Hilfe von Mobilgeräten werden verschiedene M-Payment Systeme angeboten. Diese lassen sich auf unterschiedliche Art und Weise klassifizieren. Abbildung 4 zeigt dabei eine Klassifikation nach Infrastrukturen, welche im Folgenden erläutert werden soll. (vgl. Kaymaz, 2011, S.26)

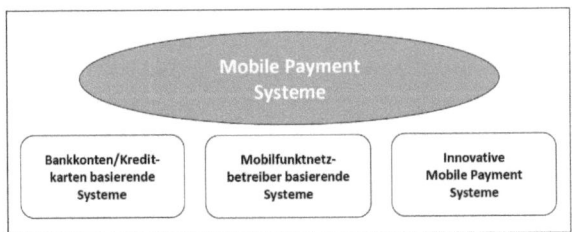

Abbildung 4: Klassifikation von Mobile Payment Systemen nach Infrastrukturen
(Quelle: Eigene Darstellung, in Anlehnung an Kaymaz 2011, S.26)

Bankkonten und Kreditkarten basierende Mobile Payment Systeme

Grundvoraussetzung für den mobilen Nutzer bei Bankkonten basierenden M-Payment Systemen ist ein bestehendes Bankkonto. Kennzeichnend für diese Systeme sind dabei vor allem Zahlungen hoher Geldbeträge (Macro-Payments). Der Ablauf einer Zahlung in diesen Systemen lässt sich dabei in drei Schritte einteilen. Zunächst ist eine Registrierung des mobilen Nutzers mit seinem Mobiltelefon sowie Mobilfunknetzbetreiber erforderlich, um eine Authentifizierung der mobilen Zahlungstransaktion zu ermöglichen. Danach erfolgt die Authentifizierung selbst durch die Eingabe einer in der Regel per SMS gelieferten Personal Identification Number (PIN) durch den Nutzer auf dessen Mobiltelefon. Bei dieser werden digitale Signaturen genutzt und die Transaktion verschlüsselt, sodass die Sicherheit der Zahlung gewährleistet wird. Im dritten Schritt erfolgt abschließend die eigentliche Zahlungstransaktion, welche entweder per Überweisung (Push-Zahlungsverfahren[1]) oder per Lastschriftverfahren (Pull-Zahlungsverfahren[2]) durchgeführt wird. (vgl. Kaymaz, 2011, S.26)

---

[1]Eine Art der Zahlungstransaktion. Gemäß Reichenbach ist hier entscheidend, dass der Zahlende den Zahlungsvorgang initiiert. Dies tut er, indem er den zu begleichenden Betrag auf ein Konto des Zahlungsempfängers überweist. (vgl. Reichenbach, 2002, S.11)

[2]Eine andere Art der Zahlungstransaktion. Hier ist gemäß Reichenbach entscheidend, dass der Zahlungsempfänger den Zahlungsvorgang initiiert. Dies tut er, indem er seine Bank anweist, den zu begleichenden Betrag von der Bank des Zahlenden einzuziehen. (vgl. Reichenbach, 2002, S.11)

Neben Bankkonten basierenden M-Payment Systemen gibt es auch Kreditkarten basierende M-Payment Systeme. Diese werden ebenso vor allem für Macro Payments genutzt. Dabei sind Kreditkartennummer und Mobilfunknummer des Kunden so miteinander verknüpft, dass, wenn der Kunde eine Zahlungstransaktion mit seinem Mobiltelefon tätigt, automatisch sein entsprechendes Kreditkartenkonto belastet und der Zahlungsbetrag beim Empfänger gutgeschrieben wird. Durch die Verknüpfung von Kreditkarten- und Mobilfunknummer sind so Kooperationen zwischen Kreditgesellschaften, Mobilfunknetzbetreibern und Geräteherstellern entstanden, bei denen Mobile Remote- sowie Mobile Proximity Technologien entwickelt worden sind.(vgl. Kaymaz, 2011, S.27ff.) Diese werden später in Abschnitt 3.1 beziehungsweise Abschnitt 3.2 erläutert.

Mobilfunknetzbetreiber basierende Mobile Payment Systeme

Im Gegensatz zu den Bankkonten- und Kreditkarten basierenden M-Payment Systemen existieren auch Mobilfunknetzbetreiber basierende Systeme. Kennzeichnend für diese Systeme sind vor allem die Zahlung kleinerer Beträge (Micro-Payments).(vgl. McKitterick und Dowling, 2003, S.15) Der Unterschied dieser Systeme liegt darin, dass nicht das Bankkonto belastet wird, sondern das Konto des Users bei dessen Mobilfunknetzbetreiber. Die Zahlung erfolgt dann entweder über Prepaid-Konten oder im Falle einer bestehenden Abrechnungsbeziehung über die monatliche Telefonrechnung des Kunden. Dabei werden neben der fälligen Zahlung für die Kommunikationsdienstleistungen, angeboten durch den Mobilfunkanbieter, die Dienstleistungen von Drittanbietern sog. Content Providern abgerechnet und beglichen.(vgl. Kaymaz, 2011, S.28) Content Provider und Mobilfunkanbieter legen dabei in sog. Revenue Sharing- Vereinbarungen Umsatz- und/oder Provisionsverteilungen fest.(vgl. Karnouskos, 2004, S.48) Diese Art der Abrechnung über den Mobilfunkanbieter wird Mobile Billing genannt und ist daher vom Mobile Payment zu unterscheiden. Wie in Abbildung 5 dargestellt, gilt es allerdings zu beachten, dass lediglich die zusätzlichen Zahlungen für die Wahrnehmung von Dienstleistungen von Drittanbietern einen Teil des M-Payment darstellt, nicht aber die Zahlungen für die Kommunikationsdienstleistungen an den Mobilfunknetzbetreiber.(vgl. Pousttchi, 2003, S.408ff.)

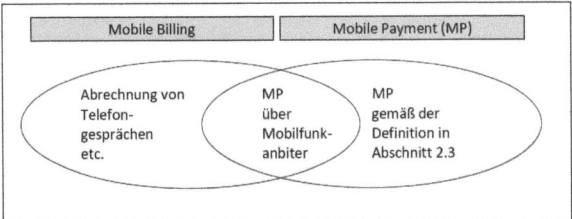

Abbildung 5: Schnittmenge zwischen Mobile Billing und Mobile Payment
(Quelle: Eigene Darstellung, in Anlehnung an Pousttchi 2003, S.410)

Innovative Mobile Payment Systeme

Die dritte Art, nach denen man M-Payment Systeme aus infrastruktureller Sicht klassifizieren kann, sind innovative Mobile Payment Systene, welche vor allem in den letzten Jahren vermehrt von Unternehmen wie Apple, PayPal, Payback oder auch von Start-Ups auf dem Markt angeboten werden. Grundlage dieser Systeme sind wiederum die Infrastrukturen von Banken- und Kreditkartengesellschaften. Grundsätzlich werden Zahlungstransaktionen dabei über das Bankkonto, Kreditkartenkonto oder Guthabenkonto abgebucht oder in Rechnung gestellt. Um den angebotenen M-Payment Service nutzen zu können, sind dabei die Angabe der Bankverbindung oder Kreditkartennummer sowie in der Regel eine Registrierung beim jeweiligen M-Payment Anbieter erforderlich.(vgl. Kaymaz, 2011, S29) Die Implementierung zweier solcher innovativer Anbieter wird in Abschnitt 4 genauer erläutert.

3 Technische Implementierung von Mobile Payment Verfahren

Im Bereich der Netzwerktechnologien gab es über die Jahre hinweg verschiedene Entwicklungen, die zu einer steigenden Bandbreite im Download führten. Diese hatten eine entsprechende Auswirkung auf M-Payment Systeme und sind in Tabelle 1 dargestellt. Darauf basierend werden heute Dienstleistungstechnologien eingesetzt, die sich in Mobile Proximity Technologien und Mobile Remote Technologien unterteilen lassen.(vgl. Kaymaz, 2011, S.30)

Generation	Technik	Übertragung	Bandbreite im Download
1G	AMPS	analog, leitungsvermittelt	-
2G	GSM	digital, leitungsvermittelt	9,6 kBit/s
2.5G	HSCSD	digital, leitungsvermittelt	57,6 kBit/s
2.5G	GPRS	digital, paketvermittelt	115 kBit/s
2.75G	EDGE	digital, paketvermittelt	236 kBit/s
3G	UMTS	digital, paketvermittelt	384 kBit/s
3.5G	HSPA	digital, paketvermittelt	14,4 MBit/s
4G	WiMAX	digital, paketvermittelt	20 MBit/s
4G	LTE	digital, paketvermittelt	100 MBit/s
(ab 2020) 5G	LTE	digital, paketvermittelt	bis zu 20 GBit/s

Tabelle 1: Generationen der Mobilfunktechnologie
(Quelle: Eigene Darstellung, in Anlehnung an Kaymaz 2011, S.31, erweitert
mit Datensätzen aus Jiang und Liu 2017, S.21)

3.1 Mobile Proximity Technologien

Mobile Proximity Technologien bezeichnen die Art der Technologien, die bei

- Bezahlung von Waren oder Dienstleistungen

- durch einen Konsumenten an ein Handelsunternehmen(B2C)

- unter Verwendung eines Mobiltelefons

- am Point of Sale (POS), d.h bei physischer Anwesenheit des Konsumenten in einer
  stationären Einkaufsstätte,

verwendet werden. (vgl. Hierl, 2017c, S.83)

Near Field Communciation

Eine dieser Technologien ist die Near Field Communication (NFC), welche von Sony und
NXP-Semiconductors (früher Philips) für die drahtlose Datenübertragung entwickelt wurde.(vgl. Kaymaz, 2011, S.36) Bei NFC handelt es sich um einen Übertragungsstandard zum
kontaktlosen Datenaustausch innerhalb einer Reichweite von wenigen Zentimetern.(vgl.
Göbel, 2017, S.149) Sie nutzt ein magnetisches Feld, um die Kommunikation zwischen
zwei Endgeräten zu ermöglichen und greift dabei auf die RFID-Technolgie[3] zurück, wobei
durch das NFC-Identifikationsprotokoll ein sicherer Datentransfer ermöglicht wird.(vgl.

---

[3]Die Radio Frequency Identification (RFID) ist eine Technologie, welche die Identifizierung eines Geräts
aus der Ferne ermöglicht. Im Gegensatz zur Barcode-Technologie erfolgt dies ohne Sichtverbindung.(vgl.
Want, 2006, S.25)

Lerner, 2013, S.48) Eine NFC-Zahlung an der Kasse basiert dabei typischerweise auf drei Schlüsselkomponenten:

- der NFC-Antenne eines Mobiltelefons,

- einem manipulationssicheren Secure Element und

- einem kontaktlosen NFC-Reader am POS des Geschäfts.

(vgl. Allums, 2014, S.36ff.)

Wie genau eine solche Zahlungstransaktion mittels Near Field Communication abläuft, vor allem in Bezug auf die Gewährleistung der Sicherheit, und welche Rolle das Secure Element dabei spielt wird in Abschnitt 3.3 anhand verschiedener Emulationen dargestellt.

Ein Vorteil des NFC-Ökosystems besteht darin, dass der Verbraucher in Bezug auf die Sicherheit keine Bedenken hat. NFC-Zahlungen sind die sicherste Form im Bereich mobiler Transaktion. Es verwendet dabei leistungsstarke Sicherheitskonstrukte sowie sichere Datenverbindungen über das Internet, Multifaktor-Authentifizierung und PIN-Codes, um jede böswillige Nutzung zu unterbinden. Außerdem genügt bei Verlust des Mobiltelefons ein Anruf bei der Bank oder beim Dienstleister, um unbefugte Zahlungen wie beispielsweise bei einem Diebstahl zu verhindern oder allgemein die Zahlungsfunktionalität des Mobiltelefons vollständig zu entfernen.(vgl. Allums, 2014, S.42ff.)

Dazu kommt, dass die Geschwindigkeit einer NFC-Transaktion selbst jeder anderen Art der Bezahlung überlegen ist. Dies liegt an der hohen Übertragungsgeschwindigkeit, die zwischen 106 kbits/s und 424 kbit/s beträgt.(vgl. Want, 2011, S.4) Doch nicht nur aus technischer Sicht ist die NFC-Technologie effizienter, auch aus zeitlicher Hinsicht lässt sich durch kontaktlose und automatisierte Kommunikation eine bargeldlose Bezahlung deutlich beschleunigen.(vgl. Marouane et al., 2015, S.293) Selbst zusätzliche Sekunden, die beispielsweise beim Aushändigen der Quittung durch den Kassierer entstehen, können eingespart werden, da NFC einen vollständigen Transaktionsdatensatz auf dem Smartphone generiert.(vgl. Allums, 2014, S.44)

Ein großer Vorteil von NFC liegt ferner in der Unterstützung dieser Technologie durch die internationalen Kartenorganisationen und großen Mobiltelefonhersteller. Problematisch ist hierbei allerdings, dass beispielsweise Apple die NFC-Schnittstelle bei Apple Geräten nur für das hauseigene Bezahlsystem Apple Pay freigibt. Dies führt dazu, dass die Entwicklung und Einführung von Bezahllösungen via NFC sich als relativ komplex gestaltet, da das Ökosystem keine Gesamtlösung für alle Hersteller zulässt.(vgl. Göbel, 2017, S.149) Hieraus ergibt sich ein Risiko für die NFC-Technologie, da für die Implementierung eine Vielzahl von Parteien involviert werden müssen. Die Frage danach, wo Investitionen getätigt werden müssen, die Probleme lösen aber auch gleichzeitig von den Anbietern unterstützt und akzeptiert werden, gestaltet sich daher als schwierig. Einen guten Anfang hierzu bildet die Standardisierung des Kartenzahlungsmarktes durch die internationalen Kartenorganisationen, welche die involvierten Parteien dazu verpflichtet, entsprechende Vorgaben und Umstellungsfristen einzuhalten.(vgl. Göbel, 2017, S.153) Dazu kommt ein weiteres Risiko in Form der Akzeptanz von NFC-Technologie durch Handelsunternehmen. Obwohl NFC dabei die am weitesten verbreitete Technologie ist, variiert die Anzahl von NFC-fähigen Verkaufsstellen weltweit. Dies ist daran festzumachen, dass NFC-Endgeräte, vor allem aber NFC-Lesegeräte, nicht allgemein verfügbar sind.(vgl. Lerner, 2013, S.49) So sind in Ländern wie Kanada, Frankreich, Brasilien oder Polen kontaktlose NFC-Lesegeräte weit verbreitet, wohingegen Länder wie Deutschland oder die USA weit hinterherhinken.(vgl. Allums, 2014, S.46ff.) In Deutschland gab es beispielsweise im Jahre 2016 nur rund 80.000 Akzeptanzstellen, die mit solchen Geräten ausgestattet waren, was weit unter europäischem Durchschnitt liegt.(vgl. Heinemann, 2018, S.122)

Quick Response Code

Eine weitere Technologie, die das Bezahlen am POS ermöglicht ist der Quick Response (QR-Code).

Dabei handelt es sich um einen zweidimensionalen Barcode, der dazu eingesetzt wird, ein physikalisches Objekt mit einer Uniform Resource Locator (URL) zu verbinden.(vgl. Lerner, 2013, S.47) Datenelemente können mittels dieser Technologie graphisch dargestellt werden und so mit z.B der Kamera eines Mobiltelefons gescannt werden.(vgl. Göbel, 2017, S.150) Der Barcode wird dabei mit der Kamera fotografiert und durch ein spezielles Programm wie beispielsweise eine installierte Lesesoftware auf Android- oder iPhone basierten Endgeräten analysiert und decodiert. Anschließend wandelt die Software die verborgene Information wie beispielsweise eine URL, Kurznachricht, Telefonnummer etc. in ein lesbares Klarbild um.(vgl. Lerner, 2013, S.47) Informationen, die zum Ausführen einer Überweisung für eine Rechnung benötigt werden, müssen so nicht mehr manuell eingegeben werden, sondern können bequem anhand eines QR-Codes gescannt werden. Am Point of Sale wird der QR-Code dabei entweder an der Kasse dargestellt und vom Mobiltelefon gescannt oder umgekehrt. Daraus ergeben sich grundsätzlich drei Vorteile dieser Technologie. Neben der angesprochenen bequemen Informationsübertragung können QR-Codes flexibel eingesetzt werden. So ist ein Einsatz der Technologie nicht nur am Point of Sale möglich, sondern auch allgemein auf Bildschirmen oder Rechnungen. Außerdem ist die Decodierung und Darstellung von QR-Codes auf deutlich mehr mobilen Endgeräten möglich als dies beispielsweise bei der NFC-Technologie der Fall ist, da lediglich eine Kamera und eine implementierte Lesesoftware auf dem Mobiltelefon benötigt werden. Durch diese Flexibilität ergibt sich für die Händler der attraktive Vorteil, eine breite Masse von Verbrauchern zu erreichen.(vgl. Göbel, 2017, S.150)

Hinter QR-Codes verbergen sich allerdings einige Sicherheitsrisiken. Die direkte Verknüpfung der Codes mit Webseiten oder Textnachrichten stellt sich zunächst einmal als idealer „Phishing-Köder"[4] dar. Da man als Mensch die schwarz-weißen Rastergrafiken nicht entschlüsseln kann, kann auch keine Zuordnung der Codes zu einer Quelle erfolgen. So wird man im schlimmsten Fall beim Scannen des Barcodes automatisch zu einer unbekannten Webseite geführt, durch welche auf dem Mobiltelefon anschließend sog. Malware[5] installiert oder sich ein Virus eingefangen werden kann. Durch den Einsatz von sog. Secure-QR-Codes kann dieses Risiko allerdings reduziert werden, da bei dieser Technologie eine zusätzliche Verschlüsselung stattfindet.(vgl. Lerner, 2013, S.47)

Es ergibt sich außerdem ein weiterer Nachteil, da die NFC-Technologie dem Scannen bzw. der Erzeugung von QR-Codes hinsichtlich der Performance und Benutzerfreundlichkeit weit überlegen ist.(vgl. Göbel, 2017, S.150)

3.2 Mobile Remote Technologien

Im Gegensatz zu den Mobile Proximity Technologien zeichnen sich Mobile Remote Technologien vor allem dadurch aus, dass der mobile User bei einer Zahlungstransaktion nicht physisch oder persönlich anwesend sein muss, sondern stattdessen in einem drahtlosen mobilen Netzwerk verschiedene Remote (ferne) Dienstleistungen nutzen kann. Zu diesen zählen z.b der Abruf von Informationen, Location Based Services, Mobile Banking und Mobile Payment bei Einkäufen von digitalen Inhalten und Dienstleistungen. Diese Zahlungstransaktionen werden dabei weitestgehend durch menügesteuerte Apps realisiert. Remote Dienstleistungen werden in der Regel von Mobilfunknetzbetreibern und Content Providern angeboten. Dabei werden auch die Billing und Account-Systeme des Mobilfunknetzbetreibers genutzt.(vgl. Kaymaz, 2011, S.31)

Seit der Einführung internetfähiger Smartphones werden Bezahlvorgänge wie im Desktop-Internet via Web/IP über die mobile Internetverbindung der Geräte abgewickelt und bezeichnen daher im engeren Sinne keine klassischen Remote Technologien.(vgl. Strudthoff, 2015, S.400) Diese Entwicklung der Netzwerktechnologien und der mobilen Geräte von Basistelefonen bis hin zu Smartphones führte dazu, dass für den Mobile Commerce ähnliche Zahlungssysteme verwendet werden konnten, wie sie für den E-Commerce entwickelt wurden. Mobile Remote Payments verwenden daher im Vergleich zum Proximity Payment eher weniger neuartige Technologien, von denen im Folgenden zwei der wichtigsten kurz erläutert werden.(vgl. Slade et al., 2015, S.5)

---

[4]Phishing ist eine Form des Social Engineering, bei der ein Angreifer versucht, auf betrügerische Art und Weise vertrauliche Informationen von einem Opfer zu erlangen, indem er sich als vertrauenswürdiger Dritter ausgibt.(vgl. Jagatic et al., 2007, S.1)
[5]Unter Malware versteht man eine bösartige Software, die eine andere Software schädlich angreift(vgl. Kramer und Bradfield, 2010, S.105)

Services, die auf Kombination dieser beiden Technologien basieren, dominieren vor allem in den Entwicklungsländern.(vgl. Lerner, 2013, S.41)

Short Message Service

Der Short Message Service (SMS) ist ein Dienst, der es mobilen Systemen und anderen untereinander vernetzten Geräten ermöglicht, kurze Textnachrichten, die maximal 160 Zeichen beinhalten können, auszutauschen. Die maximale Anzahl an Zeichen entsteht dabei durch Einschränkungen, die auf die Art und Weise, wie SMS übertragen wird, zurückzuführen sind.(vgl. Kadirire, 2005, S.977) Bei SMS handelt es sich um eine „store and forward" Technologie. Bei dieser wird die SMS-Nachricht zuerst zum SMS-Center des Absenders geschickt, dort vorübergehend gespeichert und anschließend erst zum Empfänger der Nachricht weitergeleitet. Der Absender erhält dabei eine Empfangsbestätigung des SMS-Centers, was aber nicht garantiert, dass die SMS-Nachricht den eigentlichen Empfänger auch tatsächlich sofort erreicht.(vgl. Kaymaz, 2011, S.34) Bei der Abrechnung generiert das SMS-Center einen Gebührendatensatz (CDR - Call Data Record), in dem ein Zeitstempel, der Versender, der Empfänger sowie die laufende Nummer der SMS enthalten sind. Der Mobilfunkanbieter berechnet anschließend die Gebührensätze und ordnet die CDR dem Kostenpflichtigen über die Mobile Subscriber Integrated Services Digital Number (MSISDN) zu.(vgl. Lerner, 2013, S.44ff.)

Obwohl SMS ursprünglich dazu gedacht war, die Benutzer über ihre Sprachnachrichten zu informieren, wurde es zu einem beliebten Kommunikationsmittel für Privatpersonen und Unternehmen. So ist SMS mittlerweile in einer Vielzahl von Netzen verfügbar und wird beispielsweise von Banken weltweit dazu genutzt, um dem Kunden einen Überblick über sein Bankguthaben zu verschaffen oder um gewünschte Zahlungstransaktionen durchzuführen. SMS-Nachrichten können schnell, unkompliziert und grundsätzlich von jedem Mobiltelefon aus über das Mobilfunknetz verschickt werden. Diese Netze arbeiten unabhängig vom Internet und werden dabei manchmal als zugänglicher und sicherer angesehen. Jedoch ist dies nicht der Fall. Dadurch, dass das Global System for Mobile Communication (GSM) keine wichtigen Sicherheitsdienste wie eine Ende-zu-Ende Sicherheit, eine beidseitige Authentifizierung oder Benutzeranonymität bietet, ergibt sich für den Nutzer ein Sicherheitsrisiko.(vgl. Lo et al., 2008, S.154ff.) Durch die asynchrone Übermittlung von SMS kann sich ein Zahlungsservice außerdem entweder verzögern, wie es z.B bei einem hohen Aufkommen beim Mobilfunkanbieter der Fall sein kann, oder generell fehlschlagen.(vgl. Lerner, 2013, S.45)

Unstructured Supplementary Services Delivery

Die Unstructured Supplementary Services Delivery (USSD) ist eine für GSM einzigartige Technologie, welche einen GSM-Standard nutzt, der die Übertragung von Informationen über die Signalisierungskanäle des GSM-Netzes unterstützt. Sie stellt sitzungsbasierte Kommunikation zur Verfügung und ermöglicht eine Vielzahl von Anwendungen. Bei USSD handelt es sich allerdings im Gegensatz zu SMS nicht um eine „store and forward" Technik, sondern um eine sitzungs- und transaktionsorientierte Technologie. Zunächst öffnet eine USSD-Anfrage dabei eine Sitzung, wodurch eine Echtzeit-Verbindung zwischen dem Benutzer und der Applikationsplattform hergestellt wird. Ist diese geöffnet, können anschließend solange USSD-Nachrichten vom Mobilfunkgerät des Nutzers an die Applikationsplattform gesendet werden, bis der USSD-Service voll ist oder die Verbindung getrennt wird.(vgl. Téllez und Zeadally, 2017, S.14) Mobiles USSD kann daher durchaus als ein Auslöser für den späteren Netzwerkbetrieb angesehen werden. USSD bietet dabei den Vorteil, dass es mit jedem Mobiltelefon funktioniert, da die codierten Befehle wie eine Telefonnummer eingegeben werden. (z.B *123#1234567890#) Außerdem gibt es beispielsweise eine USSD-Anwendung, die das zugehörige Prepaid-Konto eines Kunden durch Einfügen der Belegnummer in eine USSD-Zeichenkette auffüllen kann. Grundsätzlich kann daher jede Transaktion durch USSD-Daten ausgelöst werden. Wie SMS besitzt USSD allerdings keine separaten Sicherheitseigenschaften, sondern setzt lediglich auf die Sicherheitsmechanismen der GSM, was wiederum ein Sicherheitsrisiko für den Nutzer darstellt.(vgl. Schwiderski-Grosche und Knospe, 2002, S.234) Durch die Abhängigkeit vom Mobilfunknetz sind auch hier Verzögerungen der Zahlungstransaktionen bei Überlastung des Mobilfunknetzes möglich.(vgl. Lerner, 2013, S.43)

3.3 Technologische Sicherheitsstandards

Internationale Kartenorganisationen treiben derzeit Standards im mobilen Bezahlumfeld stark voran, bei denen vor allem die NFC-Technologie im Vordergrund steht. Im folgenden sollen dabei zunächst die Standardtechnologien im kartenbasierten Proximity Payment erläutert werden.(vgl. Göbel, 2017, S.151) Wie schon in Abschnitt 3.2 erwähnt, können Zahlungstransaktionen im Remote Mobile Payment via Web/IP über die mobilen Internetverbindungen der Geräte abgewickelt werden. Daher wird anschließend ein grober Überblick über das Internetsicherheitsprotokoll Transport Layer Security gegeben.

Secure Element
Die Gewährleistung von Sicherheit im Kontext von Mobile Payment obliegt dem sog. Secure Element, welches eine technische Komponente des Mobiltelefons darstellt. Dieses ermöglicht die sichere Ablage von vertraulichen Informationen, Sicherheitsschlüsseln und persönlichen Bankdaten des Benutzers.(vgl. Fundinger, 2012, S.230) Beim Secure Element handelt es sich um einen eigenständigen, manipulationssicheren Chip, der in der Lage ist, Daten und kryptographische Schlüssel sowie sensible Zahlungsvorgänge sicher

zu speichern.(vgl. Akinyokun und Teague, 2017, S.2) Das Secure Element ist integraler Bestandteil eines Mobiltelefons und wird zum größten Teil für mobile Bezahlapplikationen der Gerätehersteller verwendet und auch von diesen implementiert. Es kann allerdings nicht nur durch die Gerätehersteller eingesetzt werden, sondern auch auf der SIM-Karte durch einen jeweiligen Mobilfunkanbieter.(vgl. Göbel, 2017, S.152)

Hält der Benutzer nun sein NFC-fähiges Smartphone an einen NFC-Reader oder ein POS-Terminal, um eine Zahlung zu tätigen, so leitet der NFC-Controller alle Nachrichten vom NFC-Reader oder -Terminal direkt an die entsprechende Anwendung, die sich im sicheren Element befindet, weiter. Hierbei wird das Betriebssystem des Smartphones nicht passiert, was dazu führt, dass dieser Vorgang, welcher in Abbildung 6 veranschaulicht ist, eine sichere Zahlungstransaktion gewährleistet.(vgl. Akinyokun und Teague, 2017, S.3ff.)

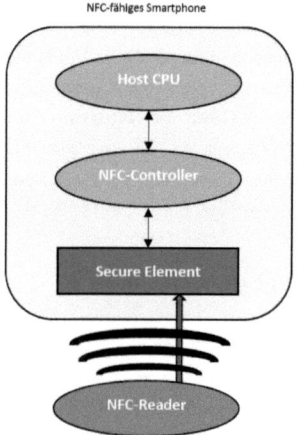

Abbildung 6: NFC-Kartenemulation mit einem Secure Element
(Quelle: Eigene Darstellung, in Anlehnung an Akinyokun und Teague 2017, S.4)

Zusätzlich gelten bei der Implementierung der Secure-Element-Technologie insbesondere die Standards der Common Criteria[6] (CC) und deren europäischen Pendants, den Information Technology Security Evaluation Criteria (ITSEC).(vgl. Göbel, 2017, S.152)

---

[6]Unter den Common Criteria versteht man einen internationalen Standard für Computersicherheit. Mehr Informationen dazu finden sich in der ISO/IEC 15408. (vgl. Mellado et al., 2007, S.245)

Host Card Emulation

Eine Alternative zum Secure Element in physischer Form mittels z.B einer SIM-Karte ist die Möglichkeit, zahlungsrelevante Daten mit Hilfe eines rein softwarebasierten Ansatzes auf das Mobiltelefon zu provisionieren und zu speichern. Ein Beispiel für einen solchen softwarebasierten Ansatz ist die Host Card Emulation Technologie(HCE). Im Gegensatz zum Secure Element werden dabei die Daten an die CPU der NFC-fähigen Vorrichtung übertragen, welche dann für die Übertragung durch das Betriebssystem an die entsprechende Anwendung verantwortlich ist. Alle Anmeldeinformationen, die zur Unterstützung der NFC-Funktionalität erforderlich sind, werden dabei in einer entfernten, sicheren Cloud-Speicherumgebung gespeichert und bei Bedarf abgerufen.(vgl. Akinyokun und Teague, 2017, S.4) Zur besseren Übersicht wurde auch dieser Vorgang in Abbildung 7 dargestellt. Die Verwendung eines solchen Ansatzes stellt allerdings neue Herausforderungen an die Sicherheit, da im Gegensatz zum Secure Element die Daten nicht in einer vom Betriebssystem separierten Umgebung gespeichert werden. Dem geschuldet definierten internationale Kartenorganisationen zusätzliche Sicherheitsmechanismen, bei denen nicht nur weiteren kryptographischen Methoden eine wichtige Rolle zufällt, sondern auch der sog. Tokenisation.(vgl. Göbel, 2017, S.152) Unter Tokenisation versteht man dabei den Prozess, bei dem die primäre Kontonummer eines Karteninhabers unter Verwendung eines Algorithmus durch eine zufällig generierte Nummer mit der gleichen Anzahl von Ziffern wie die ursprüngliche primäre Kontonummer ersetzt wird. Diese zufällig generierte Nummer wird als Zahlungstoken (oder temporäre persönliche Kontonummer) bezeichnet und in einem zentralen und hochsicheren Server gespeichert, der als Token-Tresor bekannt ist. Hauptziel der Tokenisation ist der Schutz von Karteninhabern vor Betrug und Datenverlusten. Ein Vorteil der Host-Card-Emulation Technologie im Vergleich zum Secure Element ist, dass Nutzer kontaktlose Zahlungen mit Hilfe eines vorinstallierten Token offline, also ohne Internetverbindung, tätigen können. In diesem Fall werden Zahlungstoken vom Token-Service-Provider bereitgestellt und bei der letzten Verbindung mit dem Internet auf dem Smartphone gespeichert, so dass sie bei Offline-Transaktionen verwendet werden können.(vgl. Akinyokun und Teague, 2017, S.3ff.)

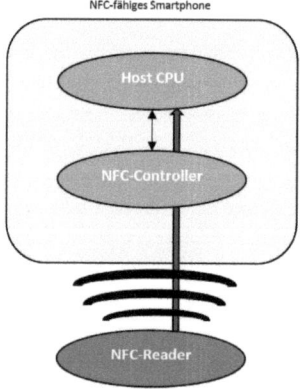

NFC-fähiges Smartphone

Abbildung 7: NFC-Kartenemulation mittels Host-Card-Emulation
(Quelle: Eigene Darstellung, in Anlehnung an Akinyokun und Teague 2017,
S.4)

Transport Layer Security

Das Transport Layer Security (TLS) Protokoll ist das bei weitem am meisten genutzte Internetsicherheitsprotokoll, dessen Hauptanwendung das HTTPS Protocol darstellt. Es kann aber auch als eigenständiges Protokoll verwendet werden.(vgl. Schwiderski-Grosche und Knospe, 2002, S.233) Die Hauptaufgabe des TLS Protokolls ist es, die Privatsphäre und Datenintegrität[7] zwischen zwei kommunizierenden Anwendungen zu gewährleisten. Das Protokoll setzt sich dabei aus zwei Schichten zusammen: dem TLS Record Protocol und dem TLS Handshake Protocol. Das TLS Record Protocol stellt dabei die unterste Ebene dar und gewährleistet die Verbindungssicherheit mit zwei grundlegenden Eigenschaften:

- Es handelt sich um eine private Verbindung, bei der symmetrische Kryptographie zur Datenverschlüsselung verwendet wird (z.b AES [AES], RC4 [SCH], etc.) Für jede Verbindung werden dabei Schlüssel eindeutig für diese Verschlüsselung generiert. Eine Verwendung des Record Protocol ist allerdings auch ohne Verschlüsselung möglich.

- Die Verbindung ist zuverlässig. Der Nachrichtentransport beinhaltet eine Überprüfung der Integrität dieser Nachrichten unter Verwendung eines verschlüsselten Man-

---

[7]Unter Datenintegrität versteht man, dass eine Veränderung oder Zerstörung der in den Daten enthaltenen Informationen ohne Autorisierung nicht möglich ist.(vgl. Gasser, 1988, S.3)

datory Access Control (MAC), für dessen Berechnungen sichere Hash-Funktionen (wie beispielsweise SHA-1 etc.) verwendet werden. Wiederum ist es auch möglich, das Record Protokoll auch ohne MAC zu betreiben, in der Regel wird es aber nur in diesem Modus verwendet.

Das TLS Record Protocol wird zur Kapselung verschiedener übergeordneter Protokolle verwendet. Ein solches gekapseltes Protokoll, das TLS Handshake Protocol, ermöglicht es dem Server und Client, sich gegenseitig zu authentifizieren und einen Verschlüsselungsalgorithmus sowie kryptografischen Schlüssel auszuhandeln, bevor das Anwendungsprotokoll sein erstes Byte an Daten sendet oder empfängt. Das TLS Handshake Protocol gewährleistet dabei Verbindungssicherheit mit drei grundlegenden Eigenschaften:

- Die Identität des Peers[8] kann mit asymmetrischer oder öffentlicher Schlüsselkryptographie (z.B. RSA[RSA], DSA[DSS], etc.) authentifiziert werden. Diese Authentifizierung ist zwar optional, aber in der Regel für mindestens einen der Peers erforderlich.

- Die Verhandlung eines gemeinsamen Secrets ist sicher: Das ausgehandelte Secret ist für Dritte nicht zugänglich. Außerdem kann es nicht für eine authentifizierte Verbindung erlangt werden, auch nicht von einem Angreifer, der sich in die Mitte der Verbindung setzen kann.

- Die Verhandlung ist zuverlässig: Kein Angreifer kann die Verhandlungskommunikation ändern, ohne von den Kommunikationspartnern entdeckt zu werden.

Ein Vorteil von TLS stellt die Unabhängigkeit vom Anwendungsprotokoll dar. Übergeordnete Protokolle können transparent auf das TLS-Protokoll aufgesetzt werden. Der TLS-Standard legt jedoch nicht fest, wie Protokolle die Sicherheit mit TLS erhöhen. Die Entscheidungen darüber, wie das TLS Handshake Protocol eingeleitet und die ausgetauschten Authentifizierungszertifikate interpretiert werden, liegen im Ermessen der Entwickler und Implementierer von Protokollen, die auf TLS laufen. (vgl. Dierks und Rescorla, 2008, S.4ff.)[9]

---

[8]Unter einem Peer versteht man eine gleichberechtigte, autonome Einheit.(vgl. Steinmetz und Wehrle, 2004, S.52)
[9]Weitere Informationen zum TLS Protokoll können dem eben zitierten Techreport von Dierks und Rescorla entnommen werden.

4 Implementierung verschiedener Anbieter

Nun, da der Grundstein durch die technische Implementierung von M-Payment Verfahren in der Theorie gelegt wurde, kann auf die Umsetzung verschiedener Anbieter in der Praxis eingegangen werden.

4.1 Payback

Payback ist das führende Multipartner-Loyalty Programm in Deutschland. Über 29 Millionen aktive Kunden sammeln derzeit bei über 650 Unternehmen Punkte, um Gutscheine oder Prämien zu erwerben. Seit Mitte 2016 nimmt Payback durch die Einführung von „Collect & Pay" nun auch im Mobile Payment eine zentrale Rolle ein. Die bis Dato verwendete Payback App wurde dabei weg von einer statischen Dashbord-App hin zu einem intelligenten, persönlichen Shopping-Assistenen umfunktioniert, in welchen das mobile Bezahlsystem „Payback Pay" integriert wurde. Durch diese Umfunktionierung konnten die Ziele und Anforderungen entlang einer Customer Journey[10] in Echtzeit realisiert werden. Unter Digital POS versteht Payback dabei, den Kunden zu lokalisieren und mit diesem während der gesamten Customer Journey zu interagieren. Die mobile Wertschöpfungskette wird dabei in fünf Phasen unterteilt:

- Die erste Phase wird als „Awareness" bezeichnet. Ziel der Phase ist es, Aufmerksamkeit für einen bestimmtem Partner zu schaffen wie z.B durch Ausspielung von mobilen Coupons für eine bestimmte Zielgruppe.

- Die folgende Phase ist das sog. „Drive2Store". Das Ziel dieser Phase besteht darin, den Nutzer der App zum Point of Sale zu geleiten. Durch die Kombination passender Selektionskriterien kann die Payback App entweder mittels Push-Notification oder Pull-Kampagnen[11] mit dem potentiellen Kunden interagieren. Befindet sich der Kunde beispielsweise in der Nähe eines Payback Partners, kann dieser durch eine gezielte Push-Notification wie z.B der Anzeige eines Sonderangebots dazu bewegt werden, die Einkaufsstätte zu betreten.

- In der dritten Phase folgt das sog. „In-Store-Management". Darunter versteht man die Interaktion mit dem Kunden nach Betreten des Geschäfts. Der Kunde wird hier mittels verschiedener Technologien am POS lokalisiert. Dabei werden dem

---

[10]Unter einer Coustomer Journey versteht man den Weg des Kunden entlang des Einkaufsprozesses bis hin zu einer gewünschten Zielhandlung wie beispielsweise dem Einkauf(vgl. Dommick und Reichhart, 2017, S.269ff.)

[11]Eine vom Kunden initiierte Aktivität wie beispielsweise die Öffnung der Payback App(vgl. Dommick und Reichhart, 2017, S.271)

Kunden spezifische Inhalte wie beispielsweise aktuelle Angebote oder Kampagnen der betretenen Einkaufsstätte angezeigt. Je nach Lokalität können diese sogar in der Einkaufsstätte selbst variieren. Befindet sich der Kunde beispielsweise in der Gemüseabteilung eines Lebensmittelhändlers, so werden ihm auch Angebote für Gemüsewaren des Händlers angezeigt.

- Nach der Auswahl der Waren erfolgt nun die „Transaction & Loyalty"-Phase. Darunter versteht man den Bezahlprozess am POS via Payback Pay kombiniert mit einer Loyalitätsbonifizierung. Durch die Einführung dieses Schritts ist Payback der einzige Anbieter in Deutschland, der die mobile Wertschöpfungskette ganzheitlich abbilden kann. Hierzu muss in der Payback App die Pay-Funktion ausgewählt werden. Danach erfolgt die Verifizierung des Nutzers durch Eingabe einer PIN oder durch den Fingerabdruck-Sensor des Smartphones. Im Anschluss daran wird durch Scannen der NFC-Schnittstelle oder des QR-Code die Zahlungstransaktion authentifiziert. In einem letzten Schritt erfolgt eine Bestätigung über die Höhe des bezahlten Betrages sowie der gesammelten Payback Punkte.

- In der letzten Phase erfolgt nun der sog. „ebon". Durch diesen wird die Digitalisierung des Kassenzettels ermöglicht. Unmittelbar nach der Zahlungstransaktion wird dem Kunden der Kassenzettel in digitaler Form als ebon z.B via PDF-Anhang an das Smartphone übermittelt. Dieser enthält alle Elemente, die auch ein physischer Kassenzettel enthalten würde und kann somit auch für z.B einen Umtausch oder Steuererklärungen verwendet werden. Durch die Einführung von ebon kann so umweltschonend auf den physischen Kassenzettel in Papierform verzichtet werden.

(vgl. Dommick und Reichhart, 2017, S.270ff.)

Im gesamten Zahlungsprozess mit Payback Pay werden dabei keine Bankdaten zwischen Kundengerät, Händler und Abrechnungspartner übermittelt oder ausgetauscht. Außerdem erfolgt der Zahlungseinzug ausschließlich nach Prüfung und Freigabe durch den Payback-Abrechnungspartner auf Basis des vom Kunden erteilten SEPA-Lastschriftmandats. In Bezug auf das Sicherheitsrisiko von QR-Codes wird bei Payback Pay ein Token eingesetzt, der mit einer zeitlich begrenzten Gültigkeit via QR-Code übertragen wird. Um Kontodaten und Zahlungen optimal zu sichern, nutzt die Payback App ferner Sicherheits- und Verschlüsselungsmechanismen nach Bankenstandard. Zugangsdaten werden zudem auf gesicherten Servern gespeichert und die Kontodaten des App-Nutzers sind dabei weder für Payback noch für Payback Partner zugänglich, da der Zahlungseinzug durch einen zertifizierten Abrechnungspartner durchgeführt wird. (vgl. Dommick und Reichhart, 2017, S.275)

Technologisch gesehen ist die Abwicklung von Zahlungen sowohl über QR-Code Technologie als auch über NFC-Technologie möglich. Der Vorteil des Einsatzes beider Technologien besteht darin, dass so auch iphone Besitzer Payback Pay über die QR-Code Technologie nutzen können, da NFC-Zahlungen zumindest aktuell nicht über das IOS Betriebssystem nicht möglich sind, weil Apple die NFC-Schnittstelle, wie schon in Abschnitt 3.1 erwähnt, nur für das eigene Zahlungssystem Apple Pay freigibt. (vgl. Heinemann, 2018, S.126) Der größte Vorteil von Payback Pay ist jedoch die zeitgleiche Verbindung der Funktionen „Coupons einlösen", „Punkte sammeln" und „Bezahlen" mit dem integrierten Shopping-Assistenten in der Payback App. So kann Mobile Payment in Verbindung mit weiteren Prozessvereinfachungen und fortgeschrittenen Services für den Kunden attraktiv gestaltet werden. Im Jahr 2017 stand Payback Pay in Deutschland schon an 4500 stationären Einkaufsstätten sämtlicher Branchen zur Verfügung, was dazu führte, dass bereits innerhalb weniger Monate Zahlungen in Höhe von mehreren Millionen Euro über Payback Pay abgewickelt werden konnten.(vgl. Dommick und Reichhart, 2017, S.273ff.)

4.2 PayPal

Bei PayPal handelt es sich um ein nutzerkontoabhängiges Verfahren, bei dem die Bankenund Kartenprozessor-Infrastruktur im Hintergrund abläuft.(vgl. Penzel et al., 2015, S.410) PayPal bietet dabei sowohl eine Proximity- als auch eine Remote Lösung zum mobilen Bezahlen an. Bei der allgemein bekannten Remote Lösung muss der Nutzer seine Konto- oder Kreditkartendaten einmalig bei PayPal hinterlegen und kann anschließend bezahlen. Paypal wickelt die Transaktion dabei in der Regel über die drei Stationen Online-Händler, PayPal und der jeweiligen Bank des Kunden ab. Vorteilhaft ist hierbei, dass die Zahlungsoption schnell und kundenfreundlich abläuft, da der Kunde Zeit, die beispielsweise für das zusätzliche Eingeben einer Transaktionsnummer (TAN) notwendig ist, einsparen kann.(vgl. Heinemann, 2018, S.123) Dazu kommt, dass Waren, die im Online-Handel via PayPal bestellt werden, unmittelbar versandt werden können, da eine sofortige Bezahlung über PayPal durchgeführt wird.(vgl. Kortum, 2017, S.38) Während die Remote Lösung über das mobile Internet der Mobilfunkgeräte abgewickelt wird, basiert die Proximity Lösung auf Bluetooth Low Energy (BLE)[12] und setzt sich somit von den bestehenden NFC- und QR-Code-Lösungen ab. Das „PayPal Beacon" genannte System kommt dabei ohne Interaktion des Nutzers mit dem Smartphone aus, da es über die BLE-Technologie eine Verbindung mit in Kassensystemen installierten

---

[12]Blutetooth Low Energy (BLE) ist ein funkbasierter Übertragungsstandard, der auf Basis der Bluetooth-Technologie agiert und vereinzelt bei Zahlungstransaktionen zum Einsatz kommt.(vgl. Göbel, 2017, S.150)

Beacons[13] selbstständig herstellt und so Transaktionen abwickeln kann. Zur Nutzung von Paypal Beacon muss die PayPal App auf dem Smartphone installiert sein und ein entsprechendes PayPal Konto vom Nutzer eingerichtet werden. Sobald der Kunde ein Geschäft betritt, reagiert das Smartphone des Nutzers auf ein empfangenes Signal, das vom Beacon am Kassensystem ausgesendet wird. Daraufhin signalisiert das Smartphone dem Benutzer die Möglichkeit einer Bezahlung via Paypal Beacon und bittet ihn um Freigabe. Gestattet der Benutzer die Freigabe, so ist eine Kommunikation zwischen Smartphone und Kassensystem möglich. Dabei werden Daten des Kunden wie z.B Name und Passfoto an die Kasse weitergeleitet. Sobald die Einkäufe vollständig getätigt wurden, muss der Kunde nur noch an der Kasse erscheinen. Anschließend ordnet der Kassierer dem Kunden das vom Smartphone übermittelte Passfoto zu und bucht den zu begleichenden Betrag vom PayPal Konto des Nutzers ab. Der Vorteil des Systems liegt in der bequemen Bezahlung, da die Verwendung des Smartphones am POS nicht erforderlich ist. Nach der Freigabe kann der Kunde seine Einkäufe tätigen und muss sich beispielsweise nicht mit dem Zücken der Geldbörse oder dem Eingeben einer PIN am Kassenterminal herumschlagen. Dieser Vorteil stellt jedoch gleichzeitig auch den größten Nachteil des Systems dar, denn durch die fehlende Interaktion und Autorisierung der Transaktion ist das Missbrauchsrisiko sehr groß. Außerdem ist der Datenschutz bei diesem System als zumindest fragwürdig anzusehen, da PayPal Beacon nach der Freigabe durch den Nutzer persönliche Daten an ein beliebiges Kassensystem übermittelt. Es muss daher sichergestellt werden, dass diese Daten auch geschützt bleiben und nicht durch Dritte abgefangen werden können.(vgl. Bleyh und Feser, 2015, S.385ff.)

5 Vor- und Nachteile von Mobile Payment im Vergleich zu herkömmlichen Zahlungsmethoden

Nun, da die Grundlagen von Mobile Payment, dahintersteckende Technologien und Sicherheitsaspekte sowie die Implementierung verschiedener Anbieter erläutert wurden, kann ein Vergleich mit den herkömmlichen Zahlungsmethoden erfolgen.
Vor- und Nachteile von Mobile Payment im Vergleich zu herkömmlichen Zahlungsmethoden sollen daher in diesem Abschnitt diskutiert werden.

---

[13]Als Beacon bezeichnet man einen Signalgeber, der von Smartphones mit aktivierter Bluetooth-Funktion angesteuert werden kann.(vgl. Heinemann, 2018, S.109)

5.1 Nachteile von Mobile Payment im Vergleich zu herkömmlichen Zahlungsmethoden

Einen Nachteil stellt zunächst einmal die **begrenzte Akkulaufzeit** dar. Ein aufgrund von leerem Akku nicht funktionsfähiges Mobiltelefon kann nicht für die Durchführung einer Zahlung benutzt werden. Selbiges gilt für schwer beschädigte, defekte oder fehlerhafte Geräte.(vgl. Téllez und Zeadally, 2017, S.16)

Einen weiteren Nachteil stellt die **Abhängigkeit von der Netzwerkkonnektivität** dar. Dies kann entweder zu unerwarteten Latenzen führen oder im schlechtesten Fall die Durchführung einer Zahlung generell gefährden.(vgl. Téllez und Zeadally, 2017, S.16) Dieser Nachteil trifft allerdings nicht grundsätzlich zu. So ist es wie in Abschnitt 3.3 schon erklärt bei kontaktlosen Zahlungen mittels Host-Card-Emulation möglich, auch offline zu bezahlen. Zwar ist dafür eine Konnektivität mit dem Netzwerk zu einem früheren Zeitpunkt notwendig, jedoch nicht zum Zeitpunkt der Zahlung.(vgl. Akinyokun und Teague, 2017, S.4)

Zudem stellt die **derzeitige Geschwindigkeit** eines M-Payments in Deutschland vor allem in Bezug auf die Proximity Technologie einen Nachteil dar.(vgl. Kipper, 2017, S.316ff.) Entgegen dazu stellt Hierl die These auf, dass nach einer bestimmten Eingewöhnungsphase das Bezahlen mit einem mobilen Gerät im Durchschnitt schneller erfolgen sollte als bei Barzahlung oder Bezahlung mit einer Kreditkarte.(vgl. Hierl, 2017a, S.198) Mit dieser These liegt er - zumindest nach dem heutigen Stand der Dinge - allerdings nur teilweise richtig, denn M-Payment ist zwar der klassischen Barzahlung, welche im Schnitt zwischen 40 bis 60 Sekunden benötigt, überlegen, dennoch konnte keines der bisherigen M-Payment Systeme die Geschwindigkeit einer Kartenzahlung, welche im Schnitt ca. 20 bis 30 Sekunden dauert, auch nur annähernd erreichen. Kritiker gingen sogar so weit, dass sie dem vor allem bei der Kassenzahlung üblichen NFC nicht länger die Bedeutung „Near Field Communication" zuwiesen, sondern die Bedeutung „Not for Commerce".(vgl. Kipper, 2017, S.316ff.) Dass M-Payment bei der Geschwindigkeit am Point of Sale noch hinter der Kartenzahlung liegt, ist allerdings nicht an der NFC-Technologie festzumachen, sondern vielmehr an dem **fehlenden, fortgeschritten Ausbau der technologischen Infrastruktur** im deutschen Einzelhandel.(vgl. Heinemann, 2018, S.122)

Fluch und Segen zugleich ist die rasante Entwicklung mobiler und drahtloser Technologien. Sie stellt einerseits einen Vorteil dar, da beispielsweise die Geschwindigkeit einer Zahlung, wie von Hierl dargestellt, schon bald die der Kreditkarte übersteigen könnte, jedoch birgt sie auch mögliche **Risiken für Investitionen** der Unternehmen in Hardware und Infrastruktur.(vgl. Téllez und Zeadally, 2017, S.16)

Dazu kommt, dass neue Technologien Zeit brauchen, um „reif" zu werden und die **Akzeptanz der Anwender** zu erhöhen.(vgl Ali, 2010, S.83) Auch M-Payment bildet hier

23

vor allem in Bezug auf den Point of Sale keine Ausnahme.(vgl. Abrolat, 2015, S.374) Dies ist allerdings bei fast jeder neuen Technologie der Fall, es sei denn, es handelt sich um etwas Revolutionäres, das unser Leben für immer verändern wird, oder um etwas ohne etablierte Alternativen. Dies ist beim Mobile Payment bisher allerdings nicht der Fall. Es gibt Alternativen, die etabliert und bekannt sind. Betrachtet man dazu nur die herkömmlichen Online-Zahlungen und vernachlässigt andere Arten von solchen Zahlungsmethoden wie das Bezahlen mit Bargeld, so sind Online-Transaktionen, welche über drahtgebundene Geräte durchgeführt werden, der größte Wettbewerber von mobilen Bezahlverfahren, die im Gegensatz dazu über drahtlose Netzwerke abgewickelt werden. Das Problem dabei ist, dass drahtgebundene Lösungen einige Vorteile im Vergleich zu solchen bieten, die drahtlos ablaufen:

- Die Kosten, die beim Zugang zum Internet entstehen, sind geringer.

- Es gibt weniger Sicherheitsrisiken für kabelgebundene Geräte als für drahtlose. Das liegt daran, dass Wireless-Lösungen sowohl allen Bedrohungen von drahtgebundenen Lösungen ausgesetzt sind als auch allen Bedrohungen, die nur mit drahtlosen verbunden sind.

- Hierzu kommt, dass die drahtgebundene Technologie schon länger existiert und demnach dem durchschnittlichen Benutzer zugehörige Sicherheitsmechanismen von drahtgebundenen Verbindungen und Geräten im Vergleich zur drahtlosen Technologie bekannt sind.
  (vgl. Ali, 2010, S.83)

- Zusätzlich sind die Datendurchsatzgeschwindgkeiten von drahtlosen Lösungen im Vergleich zu denen von drahtgebundenen begrenzt.(vgl. Téllez und Zeadally, 2017, S.16)

Allgemein betrachtet kann abschließend noch ein allgemeiner Nachteil des Online-Business, sowohl kabelgebunden als auch drahtlos, im Vergleich zu herkömmlichen Zahlungsmethoden wie beispielsweise der Barzahlung angeführt werden. Nämlich, dass das Internet ein **globales Netzwerk** ist. Das bedeutet, dass kriminelle Organisationen mehr Freiheiten im Internet genießen als andere Arten von Kriminellen und dadurch eine **erhöhte Angriffsfläche** für Online-Geschäfte generiert wird. Zum Beispiel könnte man eine Online-Transaktion in Schweden durchführen, aber trotzdem einem Cyberkriminellen aus den USA zum Opfer fallen. Das Problem dabei ist, dass es keine globale Strafverfolgungsbehörde gibt, die effektiv handeln könnte. Zudem kann etwas, was in einem Land illegal ist, in einem anderen Land völlig legal sein.(vgl. Ali, 2010, S.84)

5.2 Vorteile von Mobile Payment im Vergleich zu herkömmlichen Zahlungsmethoden

Im Gegensatz zu den eben erwähnten Nachteilen stellt die Möglichkeit, **Transaktionen unterwegs** tätigen zu können, einen großen Vorteil von M-Payment im Vergleich zu herkömmlichen Zahlungsmethoden dar. Dadurch ist es beispielsweise nicht mehr zwingend notwendig, eine Überweisung zuhause am Computer durchzuführen oder klassisch einen Überweisungsschein bei der Bank einzuwerfen.(vgl. Téllez und Zeadally, 2017, S.16) Herauszuheben ist bei diesem Vorteil vor allem, dass es dem Nutzer nicht nur möglich ist, **zu jeder Zeit** Transaktionen tätigen zu können, sondern grundsätzlich auch **von jedem (internetfähigen) Ort** der Welt aus.(vgl. Hierl, 2017b, S.130) Für einen Nutzer, der nur einmal im Monat Rechnungen bezahlt, ist das zwar weniger relevant, doch für Nutzer, die vor allem im Zuge der Globalisierung viel reisen oder allgemein mehrere Transaktionen am Tag tätigen, bietet das mobile Bezahlen daher eine nicht nur attraktive, sondern auch notwendige Option.(vgl Ali, 2010, S.83)

Aufgrund der Allgegenwärtigkeit resultieren direkte relative Vorteile nicht nur durch die Verfügbarkeit des Verfahrens, sondern auch durch die **Erreichbarkeit** der Transaktionspartner. So können Zahlungen nicht nur orts- und zeitenunabhängig durchgeführt, sondern auch orts- und zeitenunabhängig angefordert werden. Entscheidend ist, dass die Transaktionspartner mittels Informationsaustausch interagieren können, wobei beide Seiten sofortige Rückmeldemöglichkeit haben und dadurch eine schnelle Bestätigung der Zahlung erbracht werden kann. Am Beispiel einer Online-Aktion wird dieser Vorteil besonders deutlich. Während die Bestätigung einer Zahlung via herkömmlicher Banküberweisung mehrere Tage andauern kann, erhält der verkaufende Nutzer im Gegensatz dazu unmittelbar eine Bestätigung über eine eingegangene Zahlung auf seinem mobilen Gerät und kann anschließend das versteigerte Gut an den Höchstbietenden verschicken.(vgl. Pousttchi und Wiedemann, 2005, S.44)

Ein weiterer Vorteil von M-Payment ist die **hohe Marktpenetration** verbunden mit einer höheren Reichweite. Global gesehen gibt es ca. 4,6 Milliarden Menschen, die Mobiltelefone nutzen. Dadurch übertrifft die Anzahl der potentiellen Kunden diejenige für jedes andere heute verwendete Gerät.(vgl. Téllez und Zeadally, 2017, S.16) Dazu kommt, dass das Smartphone in Deutschland allgegenwärtig ist und bereits 81% der Internetnutzer in Deutschland es als zentrales Gerät für Online-Aktivitäten nutzen, womit es die Spitzenposition im deutschen Markt einnimmt. Die Nutzung via Laptop und die Desktop-Computer-Nutzung liegen im Vergleich dazu mit 69% bzw. 65% auf einem niedrigeren Niveau.(vgl. Dommick und Reichhart, 2017, S.268) Gelingt es einem Anbieter daher eine bequeme, einfache und gleichzeitig auch schnelle Zahlungsmethode auf dem Smartphone zu implementieren, so ist zukünftig das zusätzliche Mitführen wie beispielsweise einer Geldbörse oder mehrerer Karten nicht mehr erforderlich.(vgl. Lerner, 2013, S.60)

Abschließend lässt sich noch die allgemeine **hohe Erwartung und Nachfrage nach neuen Technologien und Produkten** in der Bevölkerung als Vorteil von M-Payment im Vergleich zu den herkömmlichen Zahlungsmethoden feststellen. Dies liegt vor allem daran, dass Mobile Payment noch relativ neu auf dem Markt ist. Neue Technologien zur Verbesserung von M-Payment sind daher eher zu erwarten als neue Technologien im Bereich der herkömmlichen Zahlungsmethoden.(vgl. Téllez und Zeadally, 2017, S.16)

In Tabelle 2 wurden die Vor- und Nachteile von M-Payment im Vergleich zu herkömmlichen Zahlungsmethoden zur besseren Übersicht nochmals veranschaulicht, wobei auf der Seite der Nachteile in absolute und relative Nachteile unterschieden wurde.

Vorteile Mobile Payment	Nachteile Mobile Payment
Absolut:	**Absolut:**
-Mobile Transaktionsmöglichkeiten	-Investitionsrisiko
-Hohe Marktpenetration	-Begrenzte Akkulaufzeit
-Zahlungsgeschwindigkeit in der Theorie	-Nicht revolutionär
-Neue Technologie	-Drahtloses Netzwerk
-Erreichbarkeit des Transaktionspartners	**Relativ:**
-Rasante Entwicklung	-technologische Infrastruktur im Handel
	-Zahlungsgeschwindigkeit in der Praxis
	-Anwenderakzeptanz

Tabelle 2: Gegenüberstellung der Vor- und Nachteile von M-Payment im Vergleich zu herkömmlichen Zahlungsmethoden

Zusammenfassend lässt sich also sagen, dass sich die Vor- und Nachteile von Mobile Payment im Vergleich zu herkömmlichen Zahlungsmethoden mehr oder weniger ausgleichen. Allerdings handelt es sich bei drei Punkten auf der Nachteilseite (der technologischen Infrastruktur im Handel, der Zahlungsgeschwindigkeit in der Praxis und der Anwenderakzeptanz) um relative Nachteile, die von Region zu Region unterschiedlich sein können und sich gegenseitig beeinflussen. Ist z.B die technologische Infrastruktur der Händler besser ausgebaut, so erhöht sich auch die Zahlungsgeschwindigkeit. Aus einer höheren Zahlungsgeschwindigkeit kann sich demnach die Anwenderakzeptanz wiederum erhöhen. Erhöht sich die Anwenderakzeptanz, wird wiederum mehr in die Infrastruktur investiert, womit sich die Zahlungsgeschwindigkeit weiter erhöhen kann und so weiter.

Dementsprechend kann sich die Vorteilhaftigkeit von Mobile Payment in unterschiedlichen Staaten auch unterschiedlich darstellen. Mögliche Gründe für die Unterschiedlichkeit der Märkte können dabei natürlich auch aus kulturellen, finanziellen, demographischen

oder bildungsorientierten Faktoren resultieren und nicht nur aus einer reinen Gegenüberstellung von Vor- und Nachteilen. Dennoch stellen auch diese einen Faktor dar.(vgl.
Marouane et al., 2015, S.290) Im folgenden Abschnitt wird daher eine Marktbetrachtung
durchgeführt.

6 Marktbetrachtung

6.1 Deutschland

Wie in Kapitel 5 bereits angedeutet, gestaltet sich der Markt in Deutschland für Mobile
Payment als eher schwierig. Europaweit gesehen gab es im Jahr 2016 ca. drei Millionen
Akzeptanzstellen für Mobile Payment. Bei einem Bevölkerungsanteil von rund 11 Prozent
müssten es demnach in Deutschland mindestens 330.000 sein. Bei nur rund 80.000
Kassenterminals, die derzeit M-Payment in Deutschland anbieten, erscheint diese Zahl
daher utopisch. Deutschland stellt somit lediglich einen Bruchteil des europäischen
Durchschnitts dar. Positiv anzumerken ist allerdings, dass es immerhin 20.000 solcher
Terminals mehr waren als noch im Jahre 2015, was einer Steigerung von 33,33 Prozent
entspricht.(vgl. Heinemann, 2018, S.122)

Zur Prüfung der tatsächlichen Situation wurde von Studierenden der DHBW Heilbronn
im Januar 2017 ein empirischer Praxistest ohne Anspruch auf Repräsentativität durchgeführt.[14]

Bei 261 POS von 119 Unternehmen aus sämtlichen Bereichen der deutschen Wirtschaft
wurde dabei getestet, inwiefern es an deren POS möglich ist, mit dem Mobiltelefon
zu bezahlen. Das Untersuchungsgebiet erstreckte sich dabei aufgrund der regionalen
Herkunft der Studierenden auf weite Teile Deutschlands mit einem Schwerpunkt von
über 160 Studierenden in der Postleitzahlregion 7. Es wurde außerdem darauf geachtet,
die wesentlichen „Big Player" der jeweiligen Branchen miteinzubeziehen.

Das Ergebnis war, dass es nach Wahrnehmung der Testpersonen an 77 der 261 POS
(29,5%) theoretisch möglich gewesen wäre, mit dem Mobiltelefon zu bezahlen. Tatsächlich
konnte allerdings nur an 24 dieser 77 POS eine Zahlungstransaktion durchgeführt werden.
In 53 Fällen hat eine Bezahlung mit dem Mobiltelefon nicht funktioniert. Dabei

- verfügte das Mobiltelefon in 13 Fällen nicht über eine NFC-Antenne oder war
  in sonstiger Weise nicht für M-Payment geeignet (z.B Apple-Geräte, da diese in
  Verbindung mit der NFC-Technologie nur für Apple Pay verwendet werden können),

---

[14]Auch wenn der Praxistest keinen Anspruch auf Repräsentativität stellt, lässt sich aus diesem in
Verbindung mit einer später angeführten repräsentativen Studie eine Tendenz ableiten, weshalb er
trotzdem für die Arbeit berücksichtigt wird.

- 18 mal scheiterte die mobile Bezahlung an der Technik (z.B keine Freischaltung des Kassenterminal oder temporäre Eingeschränktheit des Transaktionsweges),

- 14 mal scheiterte eine Transaktion am fehlenden Wissen oder Willen des Kassenpersonals und

- in 8 Fällen führten sonstige Gründe dazu, dass eine M-Payment Zahlung nicht möglich war (z.B Registrierungen erfolgten aufgrund der Durchführungen von Schufa oder sonstigen Prüfungen erst nach Beendigung des Tests und damit zu spät).

Unter Berücksichtigung der 184 POS, die von Anfang an nicht für M-Payment geeignet waren, ergibt sich daraus eine Erfolgsquote von 9,2%. Anzumerken ist, dass bei den 24 M-Payments, die tatsächlich getätigt wurden, die in Abschnitt 4.1 erläuterte Payback-App das beste Ergebnis mit 15 von 24 (62,5%) erfolgreich durchgeführten M-Payments einfuhr.(vgl. Hierl und Hierl, 2017, S.232ff.) Auch wenn der Praxistest nicht repräsentativ ist, so ergibt sich in Verbindung mit der unterdurchschnittlichen Ausrüstung deutscher Kassenterminals eine Tendenz. Man kann daraus durchaus folgern, dass aus die fehlende Ausrüstung der Händler dazu führt, dass eine Zahlung mit dem Mobiltelefon in Deutschland sich zumindest aktuell als schwierig erweist. Eine Bevorzugung der herkömmlichen Zahlungsmethoden am POS is daher nicht verwunderlich.(vgl. Heinemann, 2018, S.121) Dieses Ergebnis spiegelt sich auch in einer repräsentativen Studie der Deutschen Bundesbank aus dem Jahr 2014 wider. Bei dieser Studie gaben 2019 Befragungsteilnehmer in Deutschland am POS für eine Woche ihre getätigten Einkäufe und in Verbindung damit auch die verwendete Zahlungsmethode an. Dabei wurden 53,2% der getätigten 19.247 Zahlungstransaktionen bar getätigt. Die girocard belegte mit 29,4% den zweiten Platz. Mit deutlichem Abstand folgten weitere bargeldlose Zahlungsmethoden wie Überweisungen, Kreditkarten und Lastschriften. Nur 5 der 19.247 Zahlungstransaktionen wurden mit einem Mobiltelefon getätigt und vom Gesamteinkaufswert in Höhe von 502.544,10 Euro nur 77,49 Euro mit einem Mobiltelefon bezahlt. Dies entspricht sowohl hinsichtlich der Anzahl der getätigten Transaktionen als auch hinsichtlich des Transaktionsanteilwertes gerundet einem Anteil von 0,00%.(vgl. Hierl, 2017c, S.84ff.)

Auch im Online-Handel spielen nach wie vor eher traditionelle Zahlungsverfahren die Hauptrolle. Nach Erhebungen der Bitkom aus dem Jahr 2016, bei denen Mehrfachnennungen möglich waren, ist der Kauf auf Rechnung mit 70% nach wie vor führende Kraft. Es gaben dabei zwar immerhin 67% an, mit PayPal und Amazon Pay zu bezahlen, jedoch ergibt sich bei Summierung der herkömmlichen Zahlungsmethoden wie Lastschrift (47%), Vorkasse (22%), Bezahlung bei Abholung (10%) sowie Nachnahme (6%) ein Prozentsatz von 83%, womit PayPal und Co. auf den dritten Platz verwiesen werden. Die Zahlung per Kreditkarte belegt mit 43% den vierten Rang, Sofortüberweisung mit 22% den fünften und Paydirekt bildet mit 9% das Schlusslicht.(vgl. Heinemann, 2018, S.121) Für den deutschen Markt zeigt sich daher zumindest bisher, dass sich M-Payment nicht durchsetzen konnte.

6.2 Schweden

Dass M-Payment aber auch funktionieren kann, wird derzeit in Schweden unter Beweis gestellt. Bereits in 15 Jahren soll dort die Schwedische Krone lediglich noch für Sammler von Interesse sein. Was für Deutsche dabei zunächst utopisch klingen mag, ist dort Realität. 80% der Zahlungen, ob für den wöchentlichen Großeinkauf, die Rechnungstilgung in einem Restaurant oder dem abendlichen Barbesuch, werden in Schweden mit dem Mobiltelefon bezahlt. Dies wurde vor allem durch die Einführung der Smartphone-App „Swish" , welche im Jahr 2012 von sechs schwedischen und dänischen Großbanken entwickelt wurde, möglich. Zur Registrierung ist hierfür lediglich die Hinterlegung des Bankkontos notwendig. Anschließend kann an jeden Nutzer der App (sog. „Swisher") Geld überwiesen werden, und das ohne 22-stellig lange IBAN-Zahlenfolgen eingeben zu müssen. Nicht mehr als die Mobilfunknummer des Zahlungsempfängers muss dabei angegeben werden, um z.B einem Freund geliehenes Geld zurückzuzahlen oder die Rechnung für eine Taxifahrt zu begleichen. Selbst in der Kirche gibt es dort den klassischen Klingelbeutel nicht mehr, da die Kollekte per App über M-Payment beglichen wird.(vgl. Werner, 2017, S.325ff.) Mehr als 40% der knapp 10 Millionen Schweden nutzen laut Firmenangaben das Zahlungssystem bereits - Tendenz steigend. So wurden allein im August 2015 Zahlungstransaktionen in Hohe von 435 Millionen Euro über die Swish-App abgewickelt.(vgl. Jakobssen, 2017, S.2) Die Auswirkungen des Bezahlsystems sind sogar so weitreichend, dass in mehr als der Hälfte aller Schwedischen Bankfilialen weder Bargeld aus- noch eingezahlt werden kann. Dies führt dazu, dass bei häufig frequentierten Bargeldeinsatz nicht selten die Polizei alarmiert wird, da dieses vor allem als Zahlungsmittel für illegale Geschäfte angesehen wird. Durch die Umstellung wurde außerdem das Banküberfall- und Diebstahlrisiko minimiert. Dies gelang auch, allerdings auf Kosten anderer krimineller Aktivitäten. So kam es bereits im Jahr 2012 nur noch zu fünf Banküberfallen, allerdings seitdem immer vermehrter zu Identitätsdiebstählen, bei denen Konten mit gestohlenen Zugangsdaten leergeräumt werden konnten. Inwiefern sich die Skepsis der Deutschen als gerechtfertigt erweist, bleibt daher anhand der Entwicklung in Schweden als Vorreiter im mobilen Bezahlumfeld abzuwarten.(vgl. Werner, 2017, S.325)

7 Fazit

Die Frage danach, ob Mobile Payment Bargeld und Co. vom Thron der Zahlungsmethoden stürzen konnte, ist zumindest bisher mit einem klaren Nein zu beantworten. Vor allem im Einzelhandel am POS dominieren die herkömmlichen Zahlungsmethoden wie Barzahlung oder girocard weiter deutlich. Auch im Online-Handel ist die Dominanz, wenn auch nicht mit so enormen Abstand wie es am POS der Fall ist, nach wie vor gegeben. Immerhin konnte hier allen voran PayPal die Lücke etwas schließen.

Die Frage hingegen, ob es heute schon möglich ist, die herkömmliche Geldbörse zuhause zu lassen, während man via M-Payment am POS in einer Einkaufsstätte seine Waren bezahlt, ist etwas schwieriger zu beantworten. Grundsätzlich besteht die Möglichkeit, einen Supermarkt ohne die herkömmliche Geldbörse inklusive sämtlicher Karten zu betreten und anschließend zu bezahlen. Allerdings ist es zumindest bisher nicht zu empfehlen. Denn es ist zwar möglich, mit Technologien wie NFC oder QR-Codes am POS zu bezahlen, jedoch liegt das Problem hierbei nicht an der Technologie selbst, sondern vor allem an dem aktuell fehlenden Ausbau der technologischen Infrastruktur des deutschen Einzelhandels. Nicht nur bleiben Zahlungstransaktionen dabei weit unter der Geschwindigkeit, welche beispielsweise die NFC-Technologie ermöglichen würde, sondern sind grundsätzlich gefährdet. Eine alternative Zahlungsmöglichkeit wird daher dringend empfohlen, um Einkäufe überhaupt erfolgreich abzuschließen.

Demnach lässt sich auch die Frage nach der Etablierung von Mobile Payment bisher negativ beantworten. Es überwiegen schlicht noch vor allem die relativen Nachteile von Mobile Payment im Vergleich zu herkömmlichen Zahlungsmethoden, wodurch die Vorteile nicht ausreichend zur Geltung kommen können und so die Akzeptanz unter den Anwendern nicht gesteigert werden kann.

Zukunftprognose

Sieben Jahre nach der Erfindung des heutigen „Mobile Payment" stellt sich nun die Frage, warum es sich bisher nicht durchsetzen konnte. Sicherlich liegt es einerseits an den in dieser Arbeit angeführten Gründen. Andererseits könnte es gemäß Kipper daran liegen, dass bisher die ideale App zum Bezahlen noch nicht entwickelt wurde. In einer von ihm formulierten Hypothese wird zusätzlich ergänzt, dass selbst wenn es eine ideale App gäbe, damit kein Problem gelöst wird. Beziehungsweise, was seiner Meinung nach noch schlimmer für die Initiatoren von innovativen Bezahlverfahren wäre, damit ein Problem für den Verbraucher gelöst wird, welches er am liebsten gar nicht hätte, nämlich das Problem Geld ausgeben zu müssen.(vgl. Kipper, 2017, S.318ff.) Folgt man dieser Argumentation, so lässt die Zukunft eigentlich nur eine logische Konsequenz zu: Die Payback App. Die wesentlichen Gründe für die schlechte Akzeptanz im deutschen

Markt bilden dabei gleichzeitig mögliche Erfolgsfaktoren der Payback App ab. Wie von Kipper schon dargestellt ist das Bezahlen alleine mittels Mobile Payment aus Kundensicht nicht interessant. Mobile Payment benötigt daher einen Mehrwert. Durch den integrierten Shopping-Assistenten und seit Mitte 2016 durch die Einführung von Payback Pay ist Payback wie schon in Abschnitt 4.1 dargestellt der einzige Anbieter in Deutschland, der die mobile Wertschöpfungskette ganzheitlich abbilden kann. Ein Mehrwert ist also definitiv gegeben. Außerdem muss Mobile Payment sicher, einfach und benutzerfreundlich sein. Auch diese Eigenschaften sind in der Payback App wiederum wie in Abschnitt 4.1 erklärt gegeben. Gelingt es daher, im deutschen Einzelhandel eine ausreichend fortschrittliche technologische Infrastruktur zu errichten, ist die Payback App durch die Variabilität der Zahlungsabwicklung, da sie sowohl die QR-Code- als auch die NFC-Technologie unterstützt, ideal für eine zukünftig gute Akzeptanz bei potentiellen Nutzern geeignet. Insbesondere durch die Funktionen „Coupons einlösen", „Punkte sammeln" und „Bezahlen", die sowohl für den Kunden als auch für den Händler interessant sind, sollte der App in Zukunft nichts im Wege stehen. Denn scheinbar ist nicht Mobile Payment an sich interessant. Stattdessen macht die Kombination aus Prozessvereinfachungen in Verbindung mit weiteren Services im Rahmen der mobilen Transaktion Mobile Payment attraktiv.(vgl. Dommick und Reichhart, 2017, S.276ff.)

Literatur

Abrolat, J. (2015). Zukunft des Bezahlens: Mobile Technologien im Handel. In *Linnhoff-Popien, C., M. Zaddach und A. Grahl (Hrsg.): Marktplätze im Umbruch: Digitale Strategien für Services im Mobilen Internet*, S. 369–377. Springer Vieweg, Berlin, Heidelberg. (zitiert auf der Seite 24).

Akinyokun, N. und V. Teague (2017). Security and privacy implications of NFC-enabled contactless payment systems. *In Proceedings of the 12th International Conference on Availability, Reliability and Security (ARES), ACM, S. 47.* (zitiert auf den Seiten 15, 16, 17 und 23).

Ali, A. (2010). A study of security in wireless and mobile payments. Master's thesis. Departmennt of Electrical Engineering. Linköping University, Stockholm. (zitiert auf den Seiten 23, 24 und 25).

Allums, S. (2014). *Designing mobile payment experiences: Principles and best practices for mobile commerce*. O'Reilly Media, Beijing, Cambridge, Farnham, Köln, Sebastopol, Tokyo. (zitiert auf den Seiten 10 und 11).

Bleyh, M. und C. Feser (2015). Zukunft des Bezahlens–Mobile Payment. In *Linnhoff-Popien, C., M. Zaddach und A. Grahl (Hrsg.): Marktplätze im Umbruch: Digitale Strategien für Services im Mobilen Internet*, S. 379–388. Springer Vieweg, Berlin, Heidelberg. (zitiert auf der Seite 22).

Dannenberg, M. und A. Ulrich (2004). *E-Payment und E-Billing: Elektronische Bezahlsysteme für Mobilfunk und Internet*. Gabler, Wiesbaden. (zitiert auf den Seiten 3, 4 und 5).

Dierks, T. und E. Rescorla (2008). The transport layer security (TLS) protocol version 1.2. Technical report, RTFM, Inc. (zitiert auf der Seite 18).

Dommick, D. und P. Reichhart (2017). Payback – Der heilige Gral oder wie Smartphones den Handel revolutionieren. In *Hierl, L. (Hrsg.): Mobile Payment: Grundlagen – Strategien – Praxis*, S. 267–281. Springer Gabler, Wiesbaden. (zitiert auf den Seiten 4, 19, 20, 21, 25 und 31).

Fundinger, D. (2012). Mobile Payments – Bezahlen mit dem Handy. In *Dittrich, A. und T. Egner (Hrsg.): Trends im Zahlungsverkehr*, S. 225–250. Bank-Verlag, Köln. (zitiert auf der Seite 14).

Gasser, M. (1988). *Building a secure computer system*. Van Nostrand Reinhold Company, New York. (zitiert auf der Seite 17).

Göbel, C. A. (2017). Wesentliche Standards und Technologien im mobilen Zahlungsverkehr. In *Hierl, L. (Hrsg.): Mobile Payment: Grundlagen – Strategien – Praxis*, S. 143–154. Springer Gabler, Wiesbaden. (zitiert auf den Seiten 9, 10, 11, 12, 14, 15, 16 und 21).

Hamzehloe, P. (2014). *Mobile-Payment: Akzeptanz eines Mobile-Payment als Substitution für Bargeld in Deutschland*. Igel Verlag, Hamburg. (zitiert auf der Seite 5).

Heinemann, G. (2018). *Die Neuausrichtung des App-und Smartphone-Shopping: Mobile Commerce, Mobile Payment, LBS, Social Apps und Chatbots im Handel*. Springer Gabler, Wiesbaden. (zitiert auf den Seiten 1, 11, 21, 22, 23, 27, 28 und 29).

Hierl, L. (2017a). Handlungs- und Bewertungsmodell zur Akzeptanz von mobilgerätebasierten Zahlungssystemen. In *Hierl, L. (Hrsg.): Mobile Payment: Grundlagen – Strategien – Praxis*, S. 189–221. Springer Gabler, Wiesbaden. (zitiert auf der Seite 23).

Hierl, L. (2017b). Mobile Payment als Bindeglied einer No-Line Customer Journey. In *Hierl, L. (Hrsg.): Mobile Payment: Grundlagen – Strategien – Praxis*, S. 129–139. Springer Gabler, Wiesbaden. (zitiert auf den Seiten 2 und 25).

Hierl, L. (2017c). Payment 4.0 unter Abgrenzung von mobilgerätebasierten Zahlungssystemen. In *Hierl, L. (Hrsg.): Mobile Payment: Grundlagen – Strategien – Praxis*, S. 77–92. Springer Gabler, Wiesbaden. (zitiert auf den Seiten 9 und 28).

Hierl, L. und N. Hierl (2017). Überblick und Praxistest zu gescheiterten und funktionalen Ansätzen in Deutschland. In *Hierl, L. (Hrsg.): Mobile Payment: Grundlagen – Strategien – Praxis*, S. 223–241. Springer Gabler, Wiesbaden. (zitiert auf der Seite 28).

Jagatic, T., N. Johnson, M. Jakobsson und F. Menczer (2007). Social phishing. *In Communications of the ACM, Jg. 50, Heft 10, S. 94–100*. (zitiert auf der Seite 12).

Jakobssen, A. (2017). Swish or Internet banking - the case of Sweden. Studie vom 10.01.2017. Halmstad University, Halmstad. (zitiert auf der Seite 29).

Jiang, D. und G. Liu (2017). An Overview of 5G Requirements. In *Xiang, W., K. Zheng und X. Shen (Hrsg.): 5G Mobile Communications*, S. 3–26. Springer International Publishing, Cham, Switzerland. (zitiert auf der Seite 9).

Kadirire, J. (2005). The short message service (SMS) for schools/conferences: Recent Research Developments in Learning Technologies. *Paper presented at the Third International Conference on Multi-media and Technologies in Education. S. 977–981, 7.-10. Juni, Cceres, Spanien*. (zitiert auf der Seite 13).

Karnouskos, S. (2004). Mobile payment: a journey through existing procedures and standardization initiatives. *In IEEE Communications Surveys & Tutorials, Jg. 6, Heft 4, S. 44–66*. (zitiert auf der Seite 7).

Kaymaz, F. (2011). *User-Anonymität in Mobile Payment Systemen: Ein Referenzmodell zur Gestaltung der User-Anonymität in Mobile Payment Systemen*. kassel university press GmbH, Kassel. (zitiert auf den Seiten 2, 4, 5, 6, 7, 8, 9, 12 und 13).

Kipper, U. (2017). Scangoru – oder wie Mobile an die Kasse kommt. In *Hierl, L. (Hrsg.): Mobile Payment: Grundlagen – Strategien – Praxis*, S. 315–323. Springer Gabler, Wiesbaden. (zitiert auf den Seiten 23 und 30).

Kortum, C. (2017). Determinanten des Konsumentenverhaltens im Kaufprozess. In *Hierl, L. (Hrsg.): Mobile Payment: Grundlagen – Strategien – Praxis*, S. 31–47. Springer Gabler, Wiesbaden. (zitiert auf der Seite 21).

Kramer, S. und J. C. Bradfield (2010). A general definition of malware. *In Journal in computer virology, Jg. 6, Heft 2, S. 105–114*. (zitiert auf der Seite 12).

Lammer, T. (2006). *Handbuch E-Money, E-Payment & M-Payment*. Physica-Verlag, Heidelberg. (zitiert auf den Seiten 3 und 5).

Lerner, T. (2013). *Mobile Payment: Technologien, Strategien, Trends und Fallstudien*. Springer Vieweg, Wiesbaden. (zitiert auf den Seiten 10, 11, 12, 13, 14 und 26).

Lo, J. L.-C., J. Bishop und J. H. P. Eloff (2008). SMSSec: An end-to-end protocol for secure SMS. *In Computers & Security, Jg. 27, Heft 5-6, S. 154–167*. (zitiert auf der Seite 13).

Marouane, C., A. Ebert und B. Rott (2015). Trends und Chancen beim mobilen Einkaufen. In *Linnhoff-Popien, C., M. Zaddach und A. Grahl (Hrsg.): Marktplätze im Umbruch: Digitale Strategien für Services im Mobilen Internet*, S. 289–298. Springer Vieweg, Berlin, Heidelberg. (zitiert auf den Seiten 10 und 27).

McKitterick, D. und J. Dowling (2003). State of the art review of mobile payment technology. Technical report, Department of Computer Science, Trinity College, Dublin. (zitiert auf der Seite 7).

Mellado, D., E. Fernández-Medina und M. Piattini (2007). A common criteria based security requirements engineering process for the development of secure information systems. *In Computer standards & interfaces, Jg. 29, Heft 2, S. 244–253*. (zitiert auf der Seite 15).

Penzel, H.-G., E. Stahl, S. Weinfurtner und G. Wittmann (2015). Der steinige Weg zum mobilen Bezahlen. In *Linnhoff-Popien, C., M. Zaddach und A. Grahl (Hrsg.): Marktplätze im Umbruch: Digitale Strategien für Services im Mobilen Internet*, S. 409–419. Springer Vieweg, Berlin, Heidelberg. (zitiert auf der Seite 21).

Pousttchi, K. (2003). Abrechnung mobiler Mehrwertdienste. In *Dittrich, K., W. König, W., A. Oberweis, K. Rannenberg und W. Wahlster (Hrsg): Informatik 2003-Innovative Informatikanwendungen – Band 2*, S. 408–413. University of Augsburg. (zitiert auf den Seiten 4, 7 und 8).

Pousttchi, K. und D. G. Wiedemann (2005). Relativer Vorteil bei mobilen Bezahlverfahren-mobiles Bezahlen aus dem Blickwinkel der Diffusionstheorie. In *Stucky W. und G. Schiefer (Hrsg.): Perspektiven des Mobile Business: Wissenschaft und Praxis im Dialog*, S. 35–50. Deutscher Universitäts-Verlag, Wiesbaden. (zitiert auf der Seite 25).

Reichenbach, M. (2002). Elektronische Zahlungssysteme: Eine einführende Darstellung. In *HMD Praxis der Wirtschaftsinformatik, Jg. 39, Heft 224, S. 7–21.* (zitiert auf der Seite 6).

Schwiderski-Grosche, S. und H. Knospe (2002). Secure mobile commerce. In *Electronics & Communication Engineering Journal, Jg 14, Heft 15, S. 228–238 14*(5), 228–238. (zitiert auf den Seiten 14 und 17).

Slade, E. L., Y. K. Dwivedi, N. C. Piercy und M. D. Williams (2015). Modeling Consumers' Adoption Intentions of Remote Mobile Payments in the United Kingdom: Extending UTAUT with Innovativeness, Risk, and Trust. In *Psychology & Marketing, Jg. 32, Heft 8, S. 860–873.* (zitiert auf der Seite 12).

Steinmetz, R. und K. Wehrle (2004). Peer-to-Peer-Networking &-Computing. In *Informatik-Spektrum, Jg. 27, Heft 1, S. 51–54.* (zitiert auf der Seite 18).

Strudthoff, M. (2015). Die mobile Revolution im Handel definiert die Zukunft des Bezahlens neu. In *Linnhoff-Popien, C., M. Zaddach und A. Grahl (Hrsg.): Marktplätze im Umbruch: Digitale Strategien für Services im Mobilen Internet*, S. 399–407. Springer Vieweg, Berlin, Heidelberg. (zitiert auf der Seite 12).

Téllez, J. und S. Zeadally (2017). *Mobile Payment Systems: Secure Network Architectures and Protocols*. Springer International Publishing, Basel. (zitiert auf den Seiten 4, 14, 23, 24, 25 und 26).

Want, R. (2006). An introduction to RFID technology. In *IEEE pervasive computing, Jg. 5, Heft 1, S. 25–33.* (zitiert auf der Seite 9).

Want, R. (2011). Near field communication. *In IEEE Pervasive Computing, Jg.10, Heft 3, S. 4–7.* (zitiert auf der Seite 10).

Werner, C. (2017). Swish – So funktioniert Mobile Payment in Schweden. In *Hierl, L. (Hrsg.): Mobile Payment: Grundlagen – Strategien – Praxis,* S. 325–330. Springer Gabler, Wiesbaden. (zitiert auf der Seite 29).

BEI GRIN MACHT SICH IHR WISSEN BEZAHLT

- Wir veröffentlichen Ihre Hausarbeit,
  Bachelor- und Masterarbeit

- Ihr eigenes eBook und Buch -
  weltweit in allen wichtigen Shops

- Verdienen Sie an jedem Verkauf

Jetzt bei www.GRIN.com hochladen und kostenlos publizieren